Amelie Benn

Pferdegeschichten

Illustriert von Julia Ginsbach

ISBN 978-3-7855-7836-0
1. Auflage 2014
© 2014 Loewe Verlag GmbH, Bindlach
Umschlagillustration: Julia Ginsbach
Reihenlogo: nach einem Entwurf
von Angelika Stubner
Printed in Italy

www.loewe-verlag.de

Inhalt

Die Umzugsüberraschung

Leah schnappt sich Bella
und reitet zum Wald.
Dort ist es heute schön kühl.

Bella ist Leahs Liebling.
Schwarz mit einem weißen Fleck
auf der Stirn.

Leahs Vater ist Tierarzt.
Er arbeitet für den Reitstall,
in dem die Stute Bella steht.

Deshalb dürfen Leah
und ihr Bruder Lazar
alle Pferde umsonst reiten.

Am Waldrand wartet Lazar
auf dem Schimmel Donnerblitz.

„Wolltest du heute nicht
Flamme reiten?",
fragt Leah ihren Bruder.

„Hab's mir anders überlegt",
antwortet Lazar.
„Du weißt doch,
ich reite alle Pferde gern!"

Leah schüttelt den Kopf.
Niemals würde sie Bella
gegen andere Pferde tauschen!

Zusammen reiten Leah und Lazar
zu der Lichtung mit dem Bach.

Sie steigen von ihren Pferden
und ziehen ihre Stiefel aus.
Dann springen sie
in das kühle Wasser.

Lachend reiten sie zurück.
Vor dem Stall steht Papa.
Hat er etwa schon Feierabend?

„Ich muss euch etwas sagen",
sagt er ernst.
„Wir werden umziehen."

„Umziehen? Wohin?",
will Lazar wissen.

„Nach Ulm",
erklärt Leahs und Lazars Papa.
„Eure Mutter und ich haben da
einen Reiterhof gekauft."

„Ein Umzug?",
fragt Leah ungläubig.

„Aber ich will nicht hier weg!
Bella verlasse ich niemals!",
schreit sie.
Weinend rennt sie davon.

Papa läuft ihr nach.
„Beruhige dich bitte!",
ruft er Leah hinterher.

„Bella wird mit uns umziehen!
Ich habe sie letzte Woche
für dich gekauft!"

Leah bleibt stehen.
„Ist das wahr?", fragt sie.
Ihr Vater nickt lächelnd.

„Danke", sagt Leah leise
und freut sich jetzt sogar
ein klitzekleines bisschen
auf das neue Zuhause.

Wildfang

„Endlich wieder am Meer!",
ruft Sara.
Fröhlich rennt sie zum Strand.

Sara und ihre Eltern
sind wieder bei Onkel Pepe.
Sein Haus liegt
direkt am Strand.

Die Sonne geht gerade unter,
als Sara etwas entdeckt:
Ein rabenschwarzer Hengst
galoppiert den Strand entlang.

Mit wehender Mähne
läuft er auf Sara zu.

Genau vor ihr hält er an.
Was für ein schönes Pferd!

Der Hengst wiehert laut.
Er wirft den Kopf in die Luft.
Sara weiß nicht,
was sie tun soll.

Hanna bekommt Rapunzel,
eine braune Haflingerstute
mit einer weißen Blesse.

Hanna schwingt sich sofort
in den Sattel.

„Du darfst Nordwind reiten",
sagt die Lehrerin zu Lotte.

Lotte staunt.
Der weiße Araber
ist das schönste Pferd,
das sie je gesehen hat.

Doch als sie aufsteigen will,
wirft Nordwind unwillig
den Kopf in die Luft.

„Er kann manchmal
etwas störrisch sein",
erklärt die Reitlehrerin.

Lotte lässt sich nicht beirren
und versucht es noch einmal.
Doch der Hengst weicht zurück.

„Das darf nicht wahr sein!",
denkt Lotte.

Hanna und die anderen Kinder
reiten schon die erste Runde.
Nur Lotte schafft es nicht,
in Nordwinds Sattel zu kommen.

Da hat sie eine Idee.
Sie stellt sich vor Nordwind
und macht einen Knicks.

Dann sagt sie:
„Ich bin Lotte.
Schön, dich kennenzulernen,
Nordwind."

Der Araberhengst schaut sie an
und wiehert einmal laut.
Das ist ein gutes Zeichen!

Lotte schwingt sich
auf Nordwinds Rücken.
„Na, du weißt, wie man
mit einem Rassepferd umgeht!",
meint die Reitlehrerin lachend.

Lotte grinst und galoppiert
den anderen schnell hinterher.

Der Glücksstein

Die Reithalle ist
weihnachtlich geschmückt.
Überall hängen Papiersterne
und goldfarbene Girlanden.

Immer zur Weihnachtszeit
geben die Reiter vom Sonnenhof
für alle eine Reitvorführung.

Dieses Jahr führen sie
ein Weihnachtsmärchen auf.
Laura darf auf ihrem Pferd
die Eisprinzessin spielen.

Schon seit Wochen
hat sie mit Sterntaler
für die Vorstellung geübt.

Lauras Eltern sind da
und winken ihr zu.
Auch Lauras beste Freundin
Teresa ist gekommen.

Wenn die Musik erklingt,
soll Laura losreiten.
Sie zittert vor Aufregung.

„Was, wenn ich Sterntaler
in die falsche Richtung lenke?
Oder vom Pferd falle?",
denkt sie ängstlich.

Die Musik geht an.
Aber Laura traut sich nicht.

Da kommt Teresa angerannt.
Sie streckt ihr die Hand hin.

Auf Teresas Hand
liegt ein schneeweißer Stein.
„Mein Glücksstein. Für dich!",
sagt Teresa.

Überrascht nimmt Laura
den Stein entgegen.
„Danke!", stammelt sie.

„Jetzt kann nichts mehr
passieren!", meint Teresa
und eilt wieder zurück.

Laura holt tief Luft.
Der weiße Stein gibt ihr Mut.
Sie steckt ihn in ihr Kleid.
Dann reitet sie los.

Noch ein Mal über den Zaun
und die Vorstellung
ist vorbei.

Laura hat es geschafft!
Glücklich winkt sie
ihrer besten Freundin zu.

„Gut, dass Teresa da war",
denkt sie dankbar.
Teresa und ihr Glücksstein!

Amelie Benn wurde 1974 in Süddeutschland geboren. Während ihres Studiums lebte sie zeitweise in Nepal, Israel und England. Dort besuchte sie viele magische Orte und sammelte Ideen für ihre Geschichten. Heute lebt Amelie Benn mit ihrer Familie in der Schillerstadt Marbach.

Julia Ginsbach wurde 1967 in Darmstadt geboren. Nach ihrer Schulzeit studierte sie Musik, Kunst und Germanistik. Heute arbeitet sie als freie Illustratorin und lebt mit ihrer Familie und vielen Tieren auf einem alten Pfarrhof in Norddeutschland.

ISBN 978-3-7855-7822-3

ISBN 978-3-7855-7701-1

ISBN 978-3-7855-7932-9

ISBN 978-3-7855-7828-5

ISBN 978-3-7855-7029-6

ISBN 978-3-7855-7527-7

Die Reihe *Lesetiger* richtet sich an Leseanfänger ab 6 Jahren. Kunterbunte Geschichten zu beliebten Themen erleichtern den Erstlesern den Start in die Welt der Buchstaben. Ganz kurze Textabschnitte in großer, gut lesbarer Fibelschrift sorgen für einen sicheren Leseerfolg; viele farbige Bilder tragen zusätzlich zum Textverständnis bei. So macht das erste Selberlesen Spaß!